À Torsten qui a su vaincre toutes les blessures.

G. E.

Avec l'aimable participation
du département des Antiquités grecques, étrusques et romaines du musée du Louvre :
Violaine Jeammet, Conservatrice générale.

Direction des Expositions et des Éditions :
Violaine Bouvet-Lanselle, Chef du service des Éditions
Cécile Gau, Chargée de gestion administrative et commerciale
Aurélie Chauffert-Yvart, Responsable commerciale et marketing

COLLECTION **PONT DES ARTS**

Les céramiques présentées dans cet ouvrage vous attendent au musée du Louvre, mais aussi dans la **MICRO-FOLIE** *la plus proche de chez vous !*

JEUX OLYMPIQUES
GRÈCE ANTIQUE

D'OLYMPIE À PARIS

GÉRALDINE ELSCHNER

ANTOINE GUILLOPPÉ

LOUVRE éditions

l'élan vert

Aux premiers rayons du soleil, Olympie se réveille.
C'est là, dans le stade niché au fond de la vallée,
que les athlètes vont se réunir ce matin.
Venus d'Athènes, de Thèbes, de Rhodes ou d'ailleurs,
ils ont voyagé des jours durant pour rejoindre ce site sacré.

L'œil vif du haut de sa colonne de pierre,
une petite chouette guette leur arrivée.
Pas question de dormir aujourd'hui !
Elle ne veut rien manquer du spectacle.

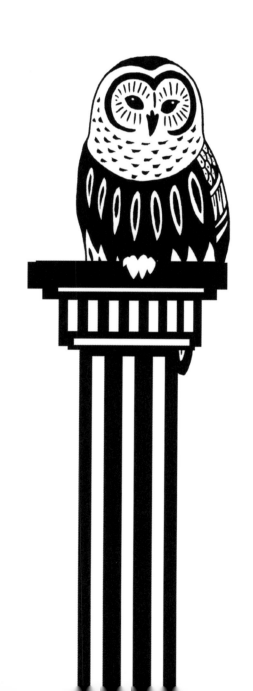

Peu à peu, les spectateurs arrivent à leur tour.
Grâce à la trêve décrétée pour la durée des concours sportifs,
ils ont pu venir des quatre coins du monde grec.
Finies les guerres qui les opposent. Ces jours seront des jours de paix.

Désormais, si deux hommes s'empoignent dans une lutte acharnée,
c'est uniquement pour être le plus fort et gagner la couronne d'olivier
remise au vainqueur. Mais les règles sont strictes. Il faut les respecter.

Après ces longs mois d'entraînement,
les muscles sont tendus, les corps des athlètes au mieux
de leur forme, prêts à s'affronter : course aux flambeaux,
course en armes, course de chars, course hippique et bien
d'autres encore : les épreuves sont nombreuses et variées.

Bien calée sur son perchoir, la petite chouette tend le cou.
Lentement, un premier lanceur de disque lève le bras.
Puis son torse pivote et l'objet fend l'air pour retomber
le plus loin possible. Dans le public, les cris fusent.
À l'autre bout du stade, c'est un javelot qui est lancé
d'une main sûre et habile. Sur la ligne de départ
pendant ce temps, les coureurs se préparent…
Qui sera le plus rapide aujourd'hui ?

Le signal est donné. Les hommes s'élancent.
C'est parti. Dans un rythme incroyable, les jambes
se plient et se tendent. Les bras vont et viennent.
Mais brusquement, la petite chouette s'agite.
Sans le remarquer, l'un des coureurs
vient de se déporter vers la gauche.
Surpris, son voisin essaie de l'éviter,
mais le troisième n'a rien vu venir.
Voilà que leurs pieds s'emmêlent.
Un cri d'effroi résonne.
— Attention !!!

— Oh non !
— Catastrophe !
— L'amphore des coureurs
est en miettes !
En ouvrant une caisse livrée au musée
pour l'exposition, Vassilis découvre le malheur.
Consternée, toute l'équipe est sans voix.
— Mais que s'est-il passé ? Tout était bien emballé
pourtant, risque enfin Maria.
Tom se penche et examine le vase de plus près.
— Ce sont les anciennes réparations qui ont cédé à ce qu'on dirait.
— La colle n'a peut-être pas supporté le voyage ou les changements
de température ? réfléchit Vassilis. Elle a plus de cent ans.
Et il fait si chaud en Grèce en ce moment.

Tom reprend espoir.

— Dans ce cas, les fragments devraient être intacts !

Nous allons pouvoir les assembler à nouveau.

— Oui, tout se répare. Même les coureurs, dit Maria.

L'exposition ouvre ses portes dans une semaine.

Alors, au travail !

Et une course contre la montre commence.

D'abord, toutes les pièces sont nettoyées.

Puis les restaurateurs s'attaquent au grand puzzle qui les attend...

Un bras par-ci, un pied par-là, peu à peu,
les athlètes blessés se rétablissent tant bien que mal.
— Nous y sommes presque ! dit Maria.
Si l'amphore a retrouvé sa forme, un élément
manque cependant au tableau : le coude gauche
du coureur de tête. Où est passé ce fragment ?
Malgré tous leurs efforts, il reste introuvable.
Alors délicatement, la fracture est soignée.
Pour remplacer le membre disparu, Maria comble
le vide de plâtre. La blessure est visible, c'est ainsi.
Mais l'athlète est sauvé.

Quelque temps plus tard, le vase trône dans sa vitrine.
Ouf. Les visiteurs affluent. L'exposition peut commencer.

Au stade pendant ce temps,
la flamme olympique vient d'arriver.
En hommage aux concours d'antan
où une flamme brûlait sur l'autel,
c'est dans les ruines du sanctuaire
d'Olympie qu'elle a été allumée
grâce aux rayons du soleil.

Puis, symbole de paix et d'unité,
elle a été portée de main en main,
de pays en pays, jusqu'au lieu
qui accueille les Jeux.
C'est alors que s'embrase la vasque
qui brûlera pour les jours à venir.

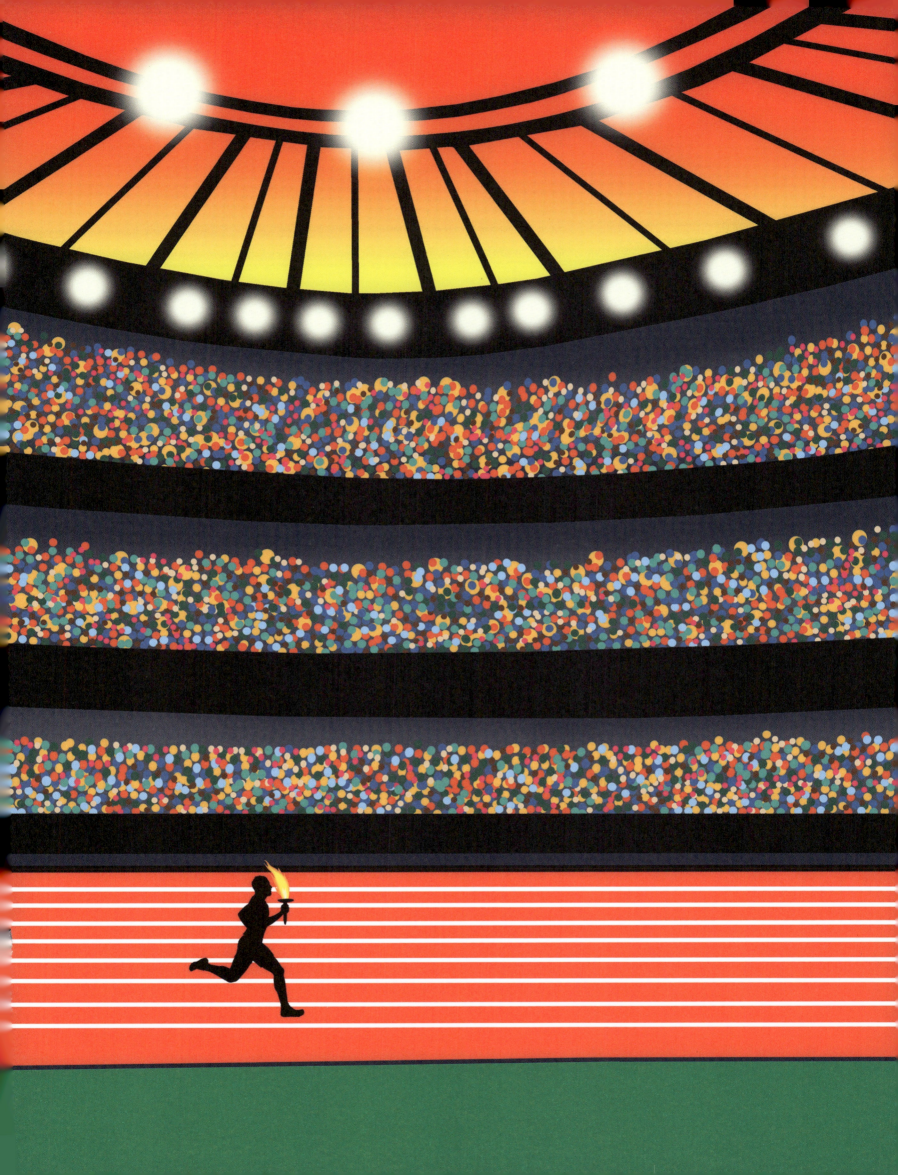

Les Jeux peuvent commencer. Assis au premier rang,
Maria, Tom et Vassilis suivent chaque geste, chaque mouvement.
Cette fois, ce sont les femmes qui vont s'affronter. 400 mètres à courir…
L'œil vif du haut des tribunes, une petite chouette guette le signal.

Soudain, un coup retentit. Les coureuses s'élancent. C'est parti.
Dans un rythme incroyable, les jambes se plient et se tendent.
Les bras vont et viennent. Vite. Plus vite !
Toujours plus vite — mais tous ensemble.
Hier comme aujourd'hui.

Les JEUX dans la GRÈCE ANTIQUE

Quelle est l'origine des Jeux olympiques ?

Ils ont près de 3 000 ans. La trace des premiers concours sportifs d'Olympie remonte à 776 av. J.-C. et plusieurs mythes évoquent leur possible créateur. Héraclès peut-être, le héros aux douze exploits, champion de lutte, qui aurait organisé une course avec ses frères et récompensé le vainqueur d'une couronne d'olivier. Dans la Grèce antique, la mythologie se mêle toujours à l'histoire... Célébrés en l'honneur des dieux, ces Jeux ont lieu tantôt à Olympie, tantôt à Némée, Delphes ou sur l'isthme de Corinthe. Le temps se comptait ainsi en Olympiades, période de quatre ans avant le retour à Olympie.

Que sont-ils devenus depuis ?

Après mille ans de fêtes, les concours sont supprimés en l'an 393 par le pouvoir romain (par un empereur romain converti au catholicisme, Théodose Ier, qui n'y voit qu'un culte païen.) Olympie et les autres lieux de concours sont alors abandonnés et tombent dans l'oubli. Les archéologues ne remettront leurs sites à jour qu'au XIXe siècle. C'est à cette époque que Pierre de Coubertin et ses amis réveillent l'esprit olympique et relancent les Jeux modernes. Les premiers ont lieu en 1896 à Athènes. Différentes villes du monde se relaient depuis pour les organiser. Les Jeux paralympiques, où les épreuves sportives sont disputées par des athlètes handicapés, s'ajoutent en 1960.

Que faire d'un vase en morceaux ?

Le restaurer ! « L'amphore des coureurs » était elle-même un puzzle à reconstituer, avec beaucoup de savoir-faire et de patience, comme de nombreux vases grecs aux figures rouges ou noires et aux multiples motifs. Mais aujourd'hui, plus question d'effacer les marques de cassures ni de compléter les figures comme on le faisait avant. La restauration doit tenir compte de l'histoire de l'objet et rester au plus près de l'original. Les cassures du vase s'inscrivent ainsi dans cette histoire, faisant écho à la blessure de l'athlète.

Amphore panathénaïque,
peintre de Cléophradès, réalisée
à Athènes vers 500 av. J.-C.,
céramique, 53 x 41,6 cm,
musée du Louvre, Paris.

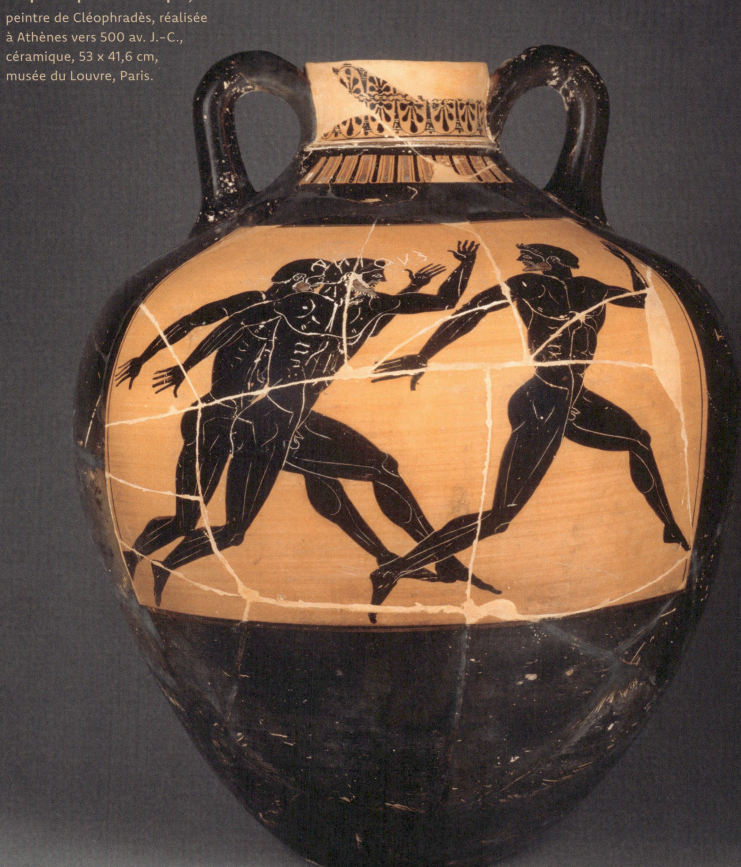

Transposée à Olympie pour les besoins de l'histoire,
cette céramique remplie d'huile d'olive a été fabriquée à Athènes.
Ce type d'amphore était destiné à récompenser les vainqueurs des concours de la cité.
Ceux d'Olympie recevaient une couronne d'olivier.

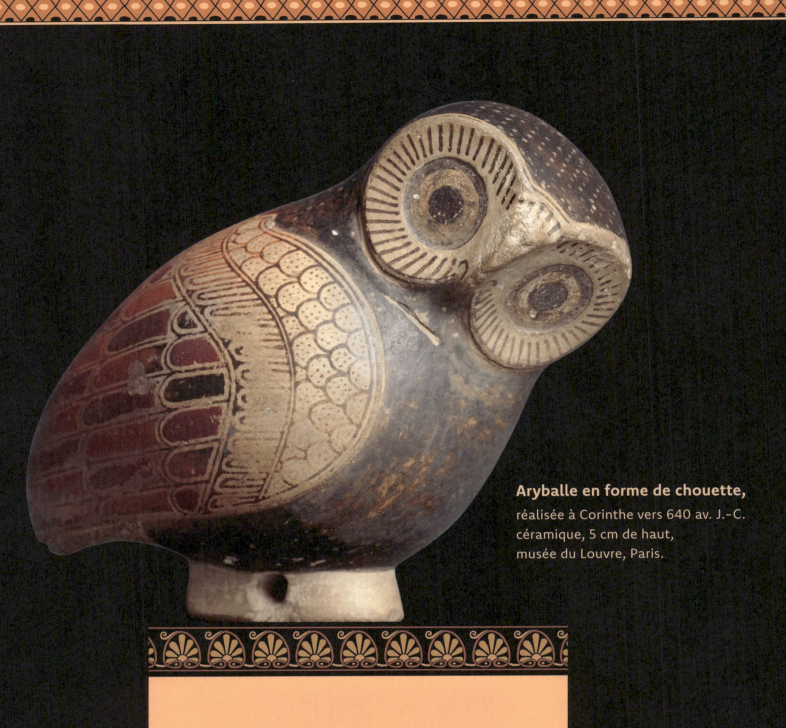

Aryballe en forme de chouette, réalisée à Corinthe vers 640 av. J.-C. céramique, 5 cm de haut, musée du Louvre, Paris.

Et la petite chouette ?

L'aryballe en forme de chouette est un flacon de terre cuite que l'on remplissait d'huile d'olive. Les athlètes, toujours nus lors des compétitions, s'en enduisaient la peau pour se protéger du soleil. La chouette chevêche accompagnait Athéna, déesse de la sagesse, des arts et des sciences – et protectrice d'Athènes. Elle est donc devenue emblème de la cité et symbole de la connaissance et de la perspicacité. Ces oiseaux nichaient en nombre dans la ville. « Apporter une chouette à Athènes » était donc inutile – comme le dit cette expression tombée en désuétude. Ici, l'oiseau traverse le temps – petit trait d'union entre hier et aujourd'hui...

Y a-t-il vraiment eu une trêve olympique ?

Oui. Très vite, une trêve sacrée est proclamée lors des Jeux dans ces régions secouées par de nombreux conflits. Elle protège le territoire où ils se déroulent, assure la sécurité des athlètes et garantit un voyage sans dangers aux nombreux spectateurs venus de loin. Plus de combats. La paix doit régner. Les Jeux actuels ont toujours pour but de promouvoir la paix, le dialogue et la réconciliation.

Les femmes participaient-elles aux Jeux ?

Eh non. Si le sport fait partie de l'éducation des garçons, les filles n'y ont pas accès. À Olympie elles n'ont pas le droit de participer aux concours et ne peuvent faire partie du public qu'avant le mariage. Une course de femmes est pourtant organisée en l'honneur de la déesse Héra - mais après les Jeux. Seule la cité de Sparte donne la même éducation physique aux filles qu'aux garçons. Aux Jeux actuels, les femmes sont présentes depuis 1900 (22 sur 997 athlètes) mais il faudra attendre 2012 pour les voir concourir dans toutes les épreuves du programme.

Ces céramiques vous attendent au musée du Louvre mais aussi au MUSÉE NUMÉRIQUE !
Savez-vous qu'il existe une nouvelle façon de rencontrer les œuvres d'art ?
Sur écran GÉANT, accompagné de tablettes ludiques et d'activités artistiques… Si si !
Ça se passe dans les MICRO-FOLIES :

LE MOT de

Géraldine Elschner
autrice

Olympique et Paralympique
Quand est né ce projet JO, ma première pensée a été pour mon neveu, voué dès l'enfance à une carrière sportive, finalement abandonnée. Il s'entraînait toujours trois fois par semaine jusqu'au jour où, à 33 ans, un accident de la route l'a rendu paraplégique. Rugby et tennis de table en fauteuil roulant sont depuis à son programme... Quelle ténacité, quelle passion du sport ! Et quelle force il lui donne ! Ce n'est donc pas le champion victorieux qui s'est imposé à moi mais ce corps blessé, brisé. Comme lui, le vase tombe et doit être soigné, « restauré », avant le nouveau départ...

Fou de vases grecs !
Quelle que soit sa forme, ses motifs, sa couleur, chaque vase grec est un monde en soi et un témoin de son époque – le sport en est la preuve. Il fait bon se perdre parmi ces céramiques dans la superbe Galerie Campana du Louvre. On y découvre leur richesse autant que le destin rocambolesque de leur collectionneur. Sa passion de l'art antique a mené le marquis Campana à la ruine et la prison. Sans le rachat de sa collection par Napoléon III en 1861, nous aurions été privés de ce grand trésor !

Antoine Guilloppé
illustrateur

Lorsque j'ai lu le texte de Géraldine et la thématique choisie, j'ai tout de suite dit oui.
J'ai longtemps été curieux de ces images réalisées il y a plus de 2 500 ans ! Ce noir et blanc, toujours accompagné de nuances d'ocre, est très puissant et l'idée de m'inscrire dans cette continuité d'art pictural m'a séduit. Ces dessins sont une forme d'hommage aux artisans de la Grèce antique, où ces artistes avaient une place importante pour témoigner de leur époque. C'est un immense privilège de contempler encore aujourd'hui ces œuvres d'art. Cela invite à l'humilité.

PONT DES ARTS
sur www.elanvert.fr

@pont_des_arts_en_folies